ښوونځی - escuela | 2
سفر - viaje | 5
ټرانسپورت - transporte | 8
ښار - ciudad | 10
منظره - paisaje | 14
ریستورانټ - restaurante | 17
لوی پلورنځی - supermercado | 20
څښاک - bebida | 22
خواړه - comida | 23
کرونده - granja | 27
کور - casa | 31
د اوسیدو خونه - cuarto de estar | 33
پخلنځی - cocina | 35
حمام - cuarto de baño | 38
د ماشوم خونه - cuarto de los niños | 42
پوښاک - vestimenta | 44
دفتر - oficina | 49
اقتصاد - economía | 51
مسلکونه - ocupaciones | 53
لوازم - herramientas | 56
د میوزیک آلات - instrumentos musicales | 57
ژوبڼ - zoológico | 59
ورزش - deporte | 62
فعالیتونه - actividades | 63
کورنۍ - familia | 67
بدن - cuerpo | 68
روغتون - hospital | 72
عاجل - emergencia | 76
خمکه - Tierra | 77
ساعت - reloj | 79
اونۍ - semana | 80
کال - año | 81
شکلونه - formas | 83
رنگونه - colores | 84
متضاد - opuestos | 85
شمیري - números | 88
ژبی - idiomas | 90
څوک/څه/څنگه - quién / qué / cómo | 91
چیري - donde | 92

Impressum
Verlag: BABADADA GmbH, Nedderfeld 112 , 22529 Hamburg
Geschäftsführer / Verlagsleitung: Harald Hof
Druck: Books on Demand GmbH, In de Tarpen 42, 22848 Norderstedt

Imprint
Publisher: BABADADA GmbH, Nedderfeld 112 , 22529 Hamburg, Germany
Managing Director / Publishing direction: Harald Hof
Print: Books on Demand GmbH, In de Tarpen 42, 22848 Norderstedt, Germany

ښوونځی

escuela

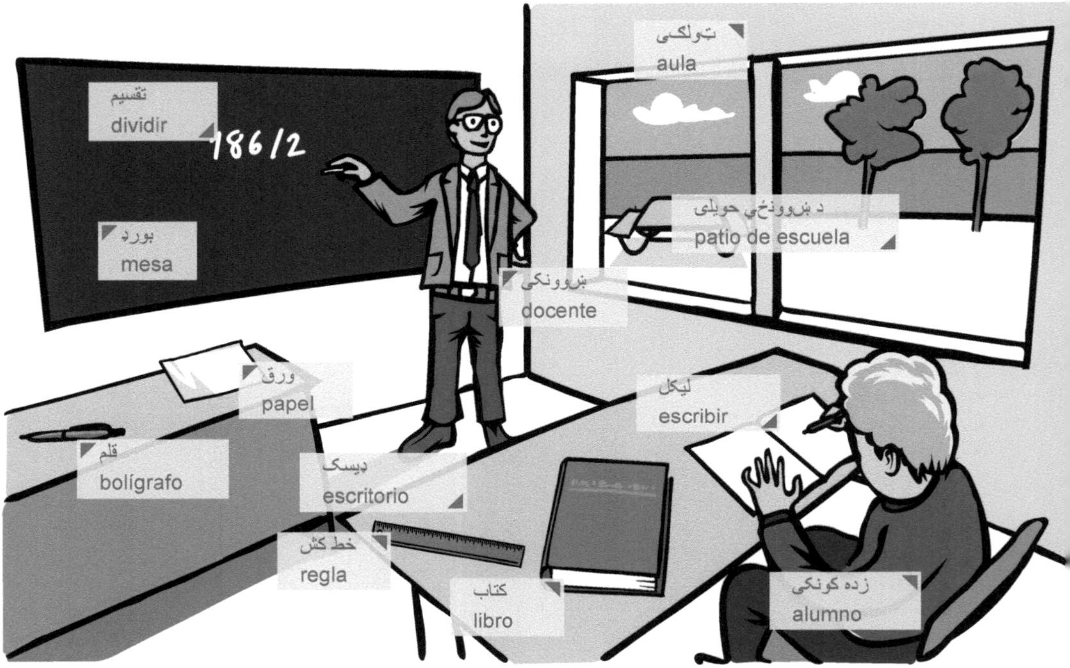
ټولګی
aula
تقسیم
dividir
186/2
د ښوونځي حویلی
patio de escuela
بورډ
mesa
ښوونکی
docente
ورق
papel
لیکل
escribir
قلم
bolígrafo
ډیسک
escritorio
خط کش
regla
کتاب
libro
زده کوونکی
alumno

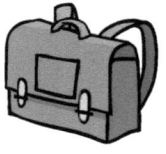

کڅوړه

mochila escolar

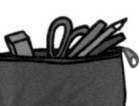

د پنسل بکسه

caja de lápices

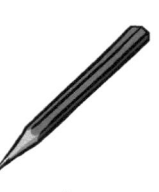

پنسل

lápiz

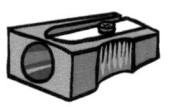

پنسل تراش

sacapuntas

ربړ

goma de borrar

د رسامۍ پاڼه

bloc de dibujo

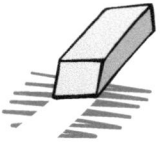

رسامي

dibujo

د نقاشى برس

pincel

د نقاشى بکس

caja de pinturas

قيچي

tijera

سريش

pegamento

د تمرين کتاب

libro de ejercicios

کورنى دنده

tarea

شمير

número

2+2

جمع

sumar

منفي

restar

ضرب

multiplicar

حساب

calcular

A

تورى

letra

**ABCDEFG
HIJKLMN
OPQRSTU
VWXYZ**

الفبا

alfabeto

کلمه

palabra

متن

texto

لوستل

leer

تباشير

tiza

درس

lección

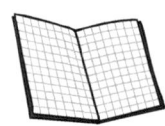

راجستر

libro de clase

ازموينه

examen

تصديق پانه

certificado

د ښوونځي يونيفارم

uniforme escolar

تعليم

educación

دايره المعارف

enciclopedia

پوهنتون

universidad

مايكروسكوپ

microscopio

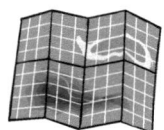

نقشه

mapa

اشغالدانى

cesto de papeles

سفر

viaje

هوټل
hotel
Grand
ليليه
albergue
ROOMS
EXCHANGE
د اسعارو د تبادلې دفتر
casa de cambio
بکس
maleta
موټر
auto

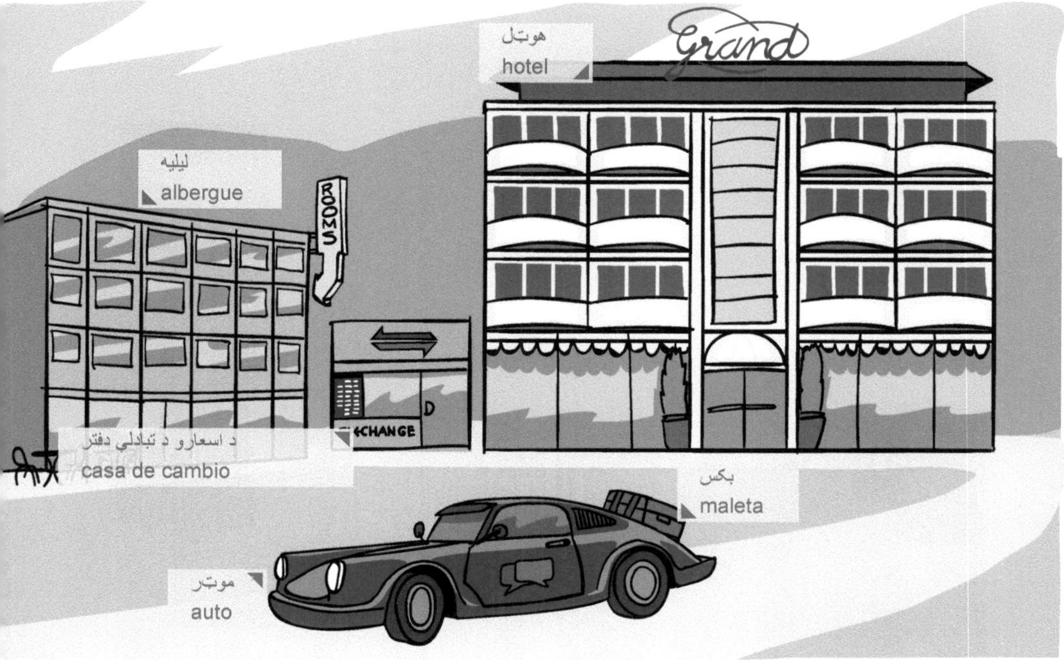

ژبه
....
idioma

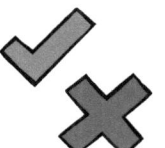

هو/نه
....
sí / no

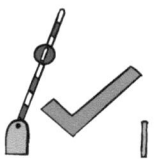

سمه ده
....
ok

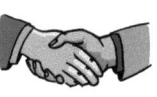

سلام
....
hola

ژباړونکی
....
intérprete

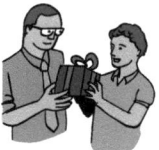

مننه
....
gracias

 څومره دي...؟
¿Cuánto cuesta…?

زه نه پوهیږم
No entiendo

ستونزه
problema

ماښام مو پخیر!
¡Buenas tardes!

سهار په خیر!
¡Buenos días!

شپه په خیر!
¡Buenas noches!

په مخه مو ښه
adiós

لارښود
dirección

سامان
equipaje

بیگ
bolso

شاتنی بکس
mochila

میلمه
invitado

خونه
cuarto

د خوب کڅوړه
saco de dormir

خیمه
tienda de campaña

د توریزم معلومات

información al turista

ساحل

playa

کریدیت کارت

tarjeta de crédito

ناری

desayuno

د غرمی خواړه

almuerzo

د شپی خواړه

cena

ټیکټ

pasaje

لفټ

ascensor

مهر

sello

پوله

límite

کمرک

aduana

سفارت

embajada

ویزه

visa

پاسپورت

pasaporte

ټرانسپورټ
transporte

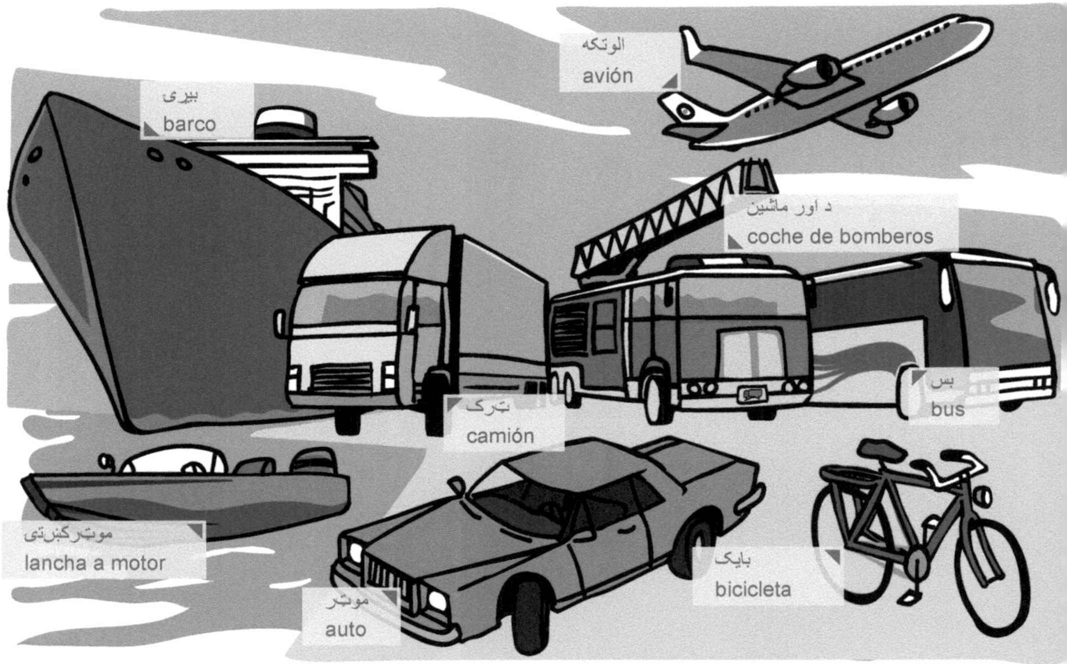
الوتکه
avión
بیړی
barco
د اور ماشین
coche de bomberos
بس
bus
ټرک
camión
موټرکښتۍ
lancha a motor
بایک
bicicleta
موټر
auto

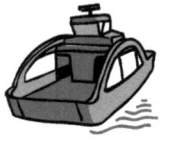

کښتۍ

balsa

کښتۍ

lancha

موټرسایکل

motocicleta

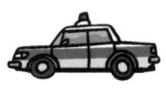

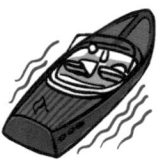

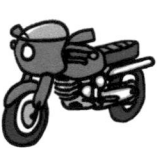

د پولیسو موټر

auto de policía

د ریس موټر

auto de carreras

کرایی موټر

auto de alquiler

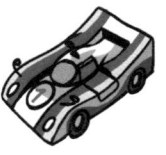

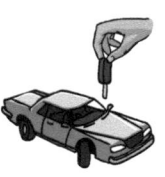

د کرايه موټری
alquiler de autos

جرثقيل لرونکی ټرک
grúa

ريفيوز ټرک
vehículo recolector de basura

موټر
motor

سونګ توکي
gasolina

پټرول سټيشن
gasolinera

ترافيکي نښه
señal de tráfico

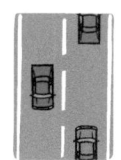

ترافيک
tránsito

جام ترافيک
atasco

د موټرو تمځای
estacionamiento

د ريل سټيشن
estación de tren

پاتټکي
carril

ريل
tren

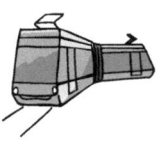

ټرام
tranvía

واګون
vagón

چورلکه

helicóptero

هوايي ډکر

aeropuerto

برج

torre

مسافر

pasajero

کانتينر

contenedor

کارتون

caja de cartón

کارت

carro

ټوکری

cesta

الوتنه کول/کښيناستل

despegar / aterrizar

ښار

ciudad

کلی

aldea

د ښار مرکز

centro de la ciudad

کور

casa

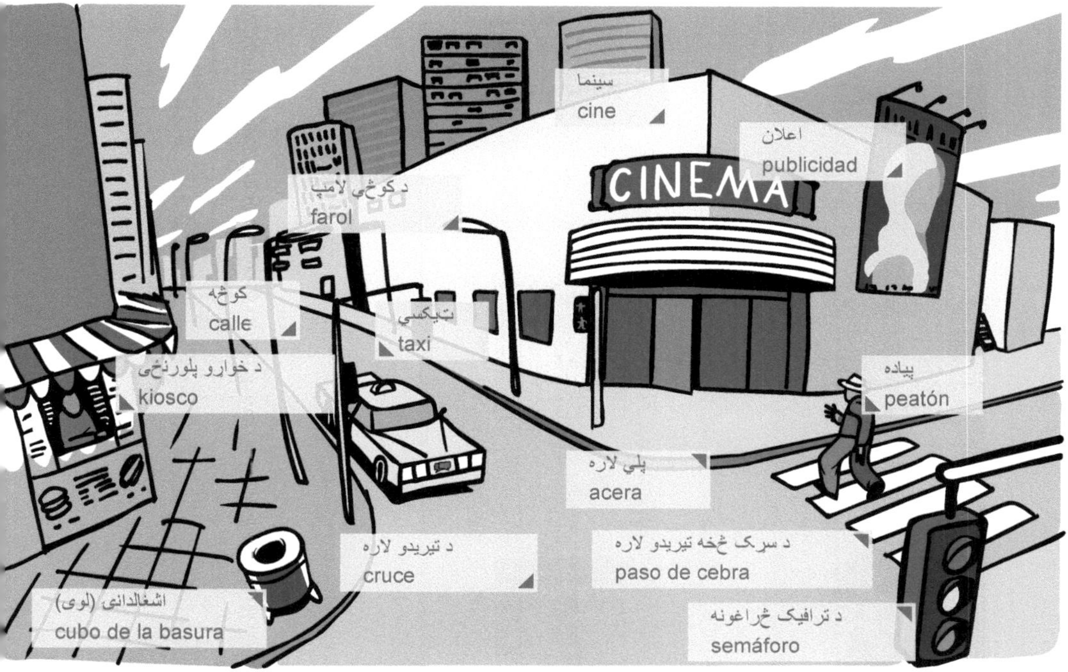
CINEMA
سینما
cine
اعلان
publicidad
د کوڅې لامپ
farol
کوڅه
calle
ټیکسي
taxi
د خوارو پلورنځی
kiosco
پیاده
peatón
پلي لاره
acera
د تیریدو لاره
cruce
د سړک څخه تیریدو لاره
paso de cebra
اشغالدانۍ (لوی)
cubo de la basura
د ترافیک څراغونه
semáforo

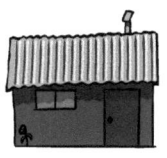

کوډله

cabaña

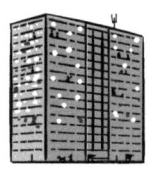

اپارتمان

apartamento

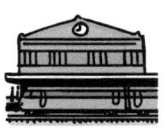

د ریل سټیشن

estación de tren

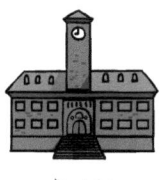

ټاون هال

ayuntamiento

MUSEUM

میوزیم

museo

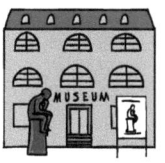

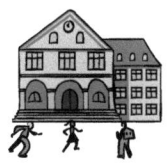

ښوونځی

escuela

پوهنتون

universidad

بانک

banco

روغتون

hospital

هوټل

hotel

درملتون

farmacia

دفتر

oficina

کتاب پلورنځی

librería

پلورنځی

negocio

د ګلانو پلورنځی

florería

لوی پلورنځی

supermercado

مارکیټ

mercado

د ډیپارټمنټ سټور

grandes almacenes

کب پلورنځی

pescadería

د پلور مرکز

centro comercial

لنګرتون

puerto

پارک

parque

بېنچ

banco

پل

puente

زينه

escalera

د ځمکي لاندى

metro

تونل

túnel

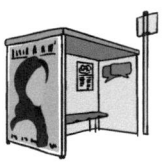

بس تمځای

parada de autobuses

بار

bar

ريستورانټ

restaurante

پوست بکس

buzón de correo

د کوڅې نښه

letrero

د پارک کولو ميټر

parquímetro

ژوبڼ

zoológico

د لامبو حوض

piscina

مسجد

mezquita

کرونده

granja

ناپاکي

polución

هدیره

cementerio

چرچ

iglesia

د لوبو ډګر

parque infantil

معبد/کلیسا

templo

منظره

paisaje

پاڼه
hoja

د لارښوونی نښه
indicador de camino

لار
sendero

چمن
pradera

کاڼی
piedra

ونه
árbol

هیکر
caminante

سیند
río

واښه
pasto

ګل
flor

دره
valle

غوندی
montaña

ناور
lago

خنگل
bosque

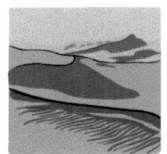

دشته
desierto

اورشیندی
volcán

کلا
castillo

رنگین کمان
arco iris

مرخیري
seta

پلم ونه
palmera

ماشي
mosquito

الوتل
mosca

میږی
hormiga

مچی
abeja

غوندډ/جولا
araña

كــونكـت

escarabajo

چونگـشـه

rana

نولى

ardilla

زيـرکى

erizo

سوى

liebre

كــونگ

lechuza

مرغى

pájaro

قازه

cisne

نرخوگ

jabalí

هوسـى

ciervo

گـاوزه

alce

بند

embalse

بادي توربين

aerogenerador

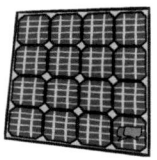

سولر تختى

módulo solar

اقليم

clima

ریسټورانټ
restaurante

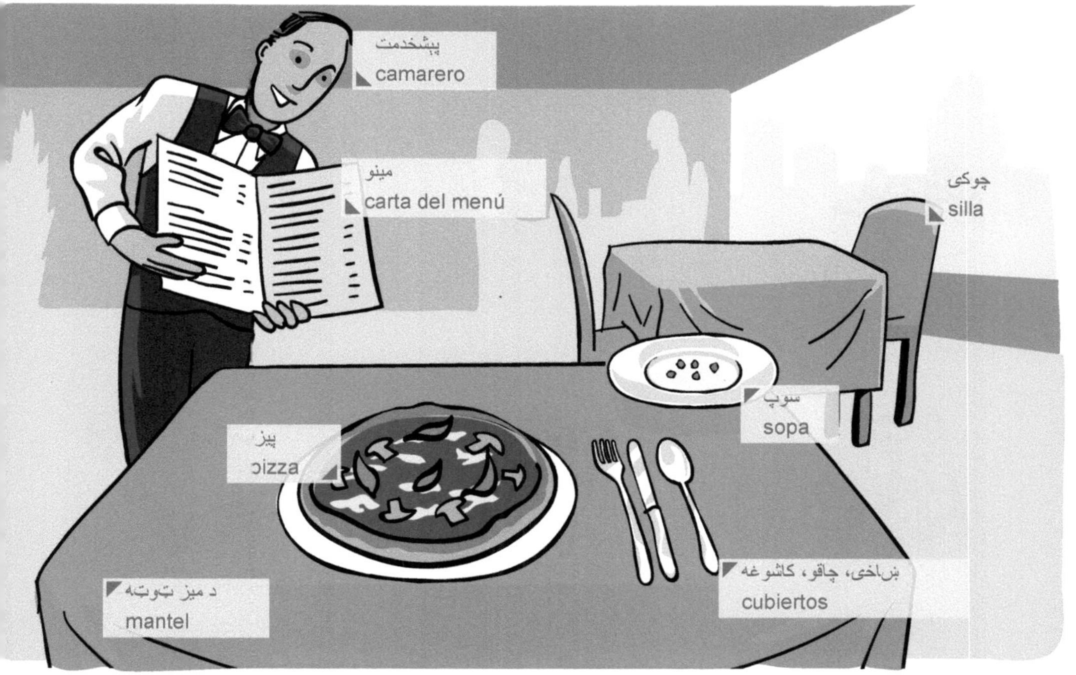

پیشخدمت
camarero
مینو
carta del menú
چوکی
silla
سوپ
sopa
پیز
pizza
ښاخې، چاقو، کاشوغه
cubiertos
د میز ټوټه
mantel

ستارټر
....
entrada

اصلي خواړه
....
plato principal

شیریني
....
postre

څښاک
....
bebida

خواړه
....
comida

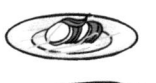

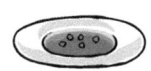

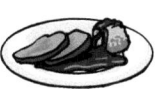

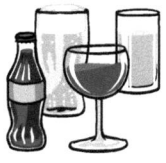

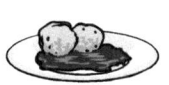

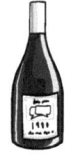

بوتل
....
botella

فاست فود

comida rápida

د کوڅي خواړه

comida callejera

چای جوش

tetera

قندانی

azucarera

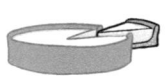

برخه

porción

اسپرسو مشین

máquina de espresso

لوړه چوکۍ

silla alta

رسید

factura

مجمه

bandeja

چاکو

cuchillo

پنجه

tenedor

قاشق

cuchara

چای قاشق

cuchara de té

سورویت

servilleta

گلاس

vaso

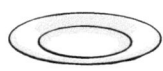

پلیټ

plato

د سوپ پلیټ

plato de sopa

نالیکی

platillo

ساس

salsa

مالګه شیندونکی

salero

د مرچ ټکولو لوخی

molinillo para pimienta

سرکه

vinagre

غوړي

aceite

مساله

especias

کچ اپ

ketchup

شرشم

mostaza

چکه

mayonesa

لوی پلورنځی

supermercado

خانګړی وړاندیز
oferta
پیرودونکی
cliente
لبنیات
productos lácteos
میوه
fruta
لاسي ګاډی
carrito de compras
FOR

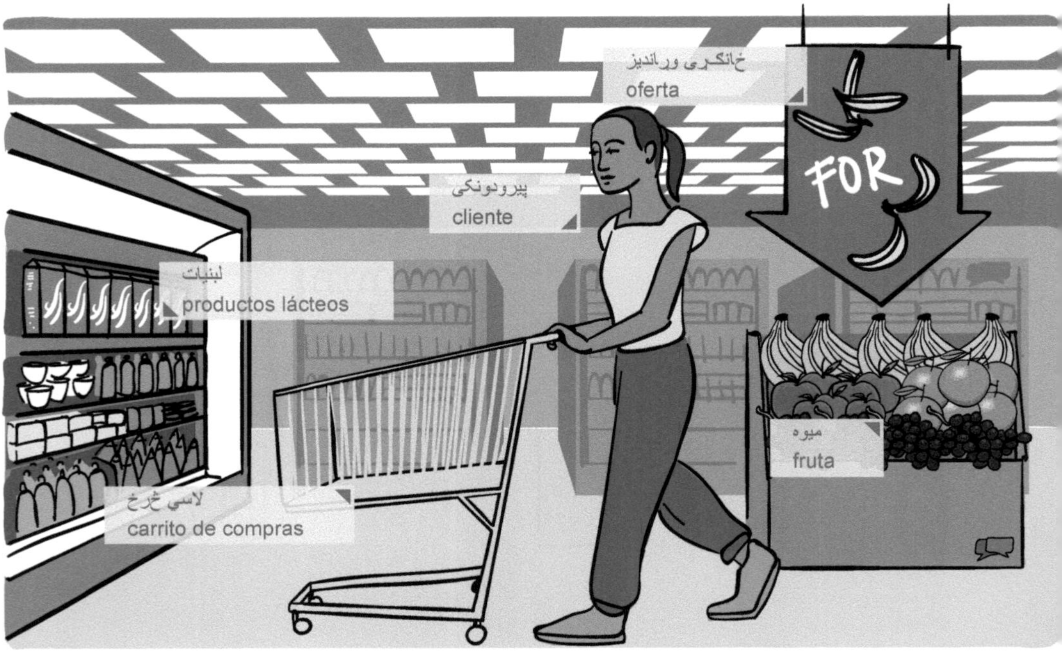

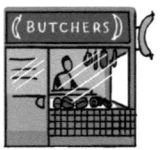

BUTCHERS

قصابي
carnicería

BAKERY

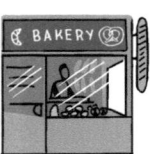

نانوایی
panadería

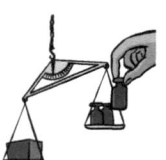

وزن کول
pesar

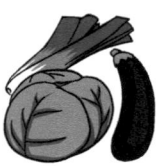

سبزیجات
verdura

غوښه
carne

کنګل خواړه
alimentos congelados

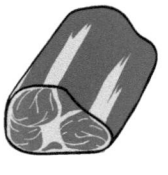

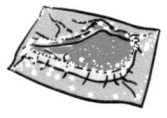

يخه غوښه

fiambre

كنسروا خواړه

conservas

د مينځلو پوډر

detergente en polvo

شيريني

dulces

كورني توليدات

artículos domésticos

د پاكولو محصولات

productos de limpieza

د پلور فرد

vendedora

د نغدي راجستر

caja

صراف

cajero

د پیرودو لیست

lista de compras

كاري ساعتونه

horario de atención

بټوه

cartera

كریډیټ كارت

tarjeta de crédito

كڅوړه

maleta

پلاستیک كڅوړه

bolsa plástica

اوبه
....
agua

سوج
....
jugo

شیده
....
leche

کوک
....
refresco de cola

واین
....
vino

بیر
....
cerveza

الکول
....
alcohol

ککاو
....
cacao

چای
....
té

کافي
....
café

أسپرسو
....
espresso

کپچینو
....
cappuccino

كيله

banana

مڼه

manzana

نارنج

naranja

هندوانڼه

sandía

ليمو

limón

ګازره

zanahoria

هوږه

ajo

بانکس

bambú

پياز

cebolla

مرخيړي

seta

چغزى

nueces

آش

fideos

سپیگـتـي

espagueti

وریجی

arroz

سلاد

ensalada

چپس

patatas fritas

سره کري کچالو

patatas salteadas

پیزا

pizza

همبرگـر

hamburguesa

ساندویچ

sándwich

کتره

escalope

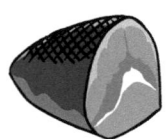

د پتون غوښه

jamón

سلمي

salame

ساسچ

embutido

چرگ

pollo

روسټ

asado

کب

pescado

د وربشي شیرني

copos de avena

موسلي

musli

د جوار پلی

copos de maíz tostado

اوره

harina

کروسانت

croissant

د ډوډۍ رول

panecillo

ډوډۍ

pan

ټوسټ

tostada

بسکیټ

galletas

کوچ

mantequilla

چکه

cuajada

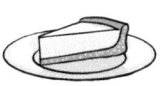

کیک

pastel

هګۍ

huevo

پخي هګۍ

huevo frito

پنیر

queso

آیس کریم

helado

بوره

azúcar

شَهد

miel

مربا

mermelada

نوگات کریم

praliné

کورکمان

curry

کرونده
granja

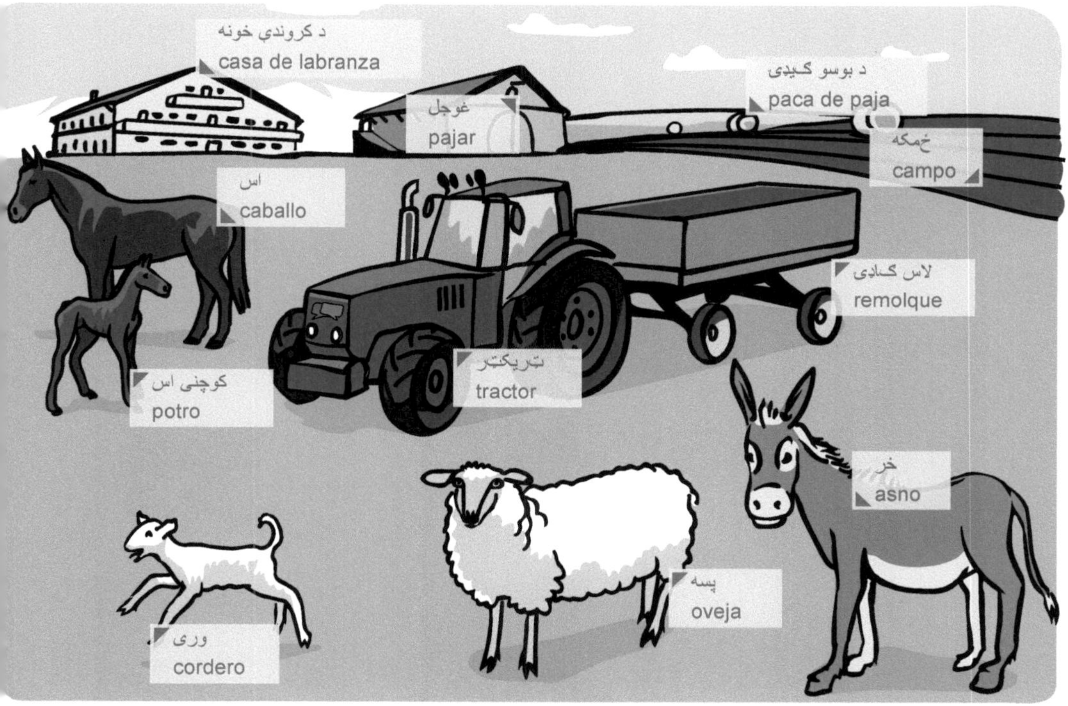

د کروندي خونه
casa de labranza
غوجل
pajar
د بوسو گیډی
paca de paja
خمکه
campo
اس
caballo
لاس گاډی
remolque
تریکتر
tractor
کوچنی اس
potro
خر
asno
پسه
oveja
وری
cordero

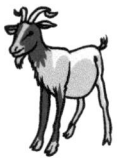

وزه
cabra

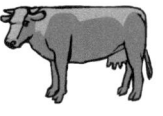

غوا
vaca

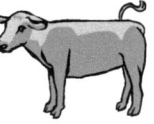

خوسکی
ternero

خوک
cerdo

د خوک بچی
lechón

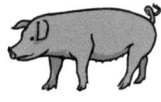

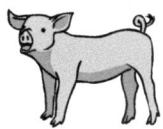

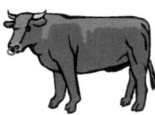

غویی
toro

بتّه

ganso

هيلۍ

pato

چرګوړی

polluelo

چرګه

pollo

بانګي

gallo

سارای موږک

rata

پيشک

gato

موږک

ratón

غوبۍ

buey

سپۍ

perro

د سپي خونه

caseta del perro

د باغ هوز

manguera de riego

د اوبو لوخی

regadera

لور (داس)

guadaña

يوی

arado

لور

hoz

رمبی

azada

بڼاخی

bieldo

تبر

hacha

کراچی

carretilla

هاون

abrevadero

د شیدو لوخی

lechera

جوال

saco

کټاره

cerca

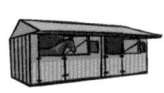

مضبوط

establo

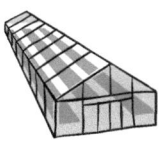

شنه خونه

invernadero

خاوره

suelo

تخم

semilla

سره/کود

fertilizante

کد ریبونکی ماشین

cosechadora

زيرمه كول

cosechar

درمند

cosecha

خواږه كچالو

raíz de ñame

غنم

trigo

سويا

soja

كچالو

patata

جوار

maíz

نباتي تخم

colza

د ميوي ونه

Árbol frutal

مانيوك

mandioca

غله

cereales

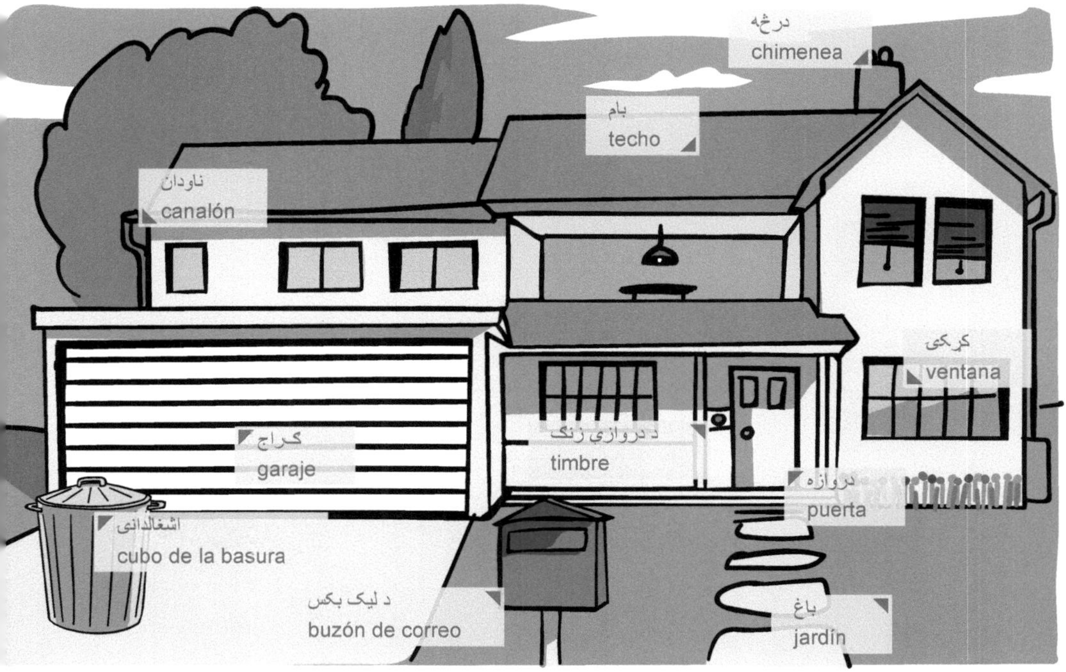

درڅه
chimenea

بام
techo

ناودان
canalón

کرکۍ
ventana

کراج
garaje

د دروازې زنگ
timbre

دروازه
puerta

اشغالدانی
cubo de la basura

د لیک بکس
buzón de correo

باغ
jardín

د اوسېدو خونه
....
cuarto de estar

حمام
....
cuarto de baño

پخلنځی
....
cocina

د وېده کېدو خونه
....
dormitorio

د ماشوم خونه
....
cuarto de los niños

د خوارو خونه
....
comedor

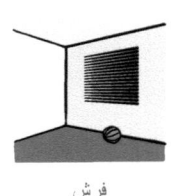

فرش

piso

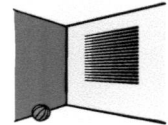

دیوال

pared

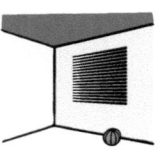

چت

cielorraso

زیرخانه

sótano

سونا

sauna

بالکوني

balcón

تّراس

terraza

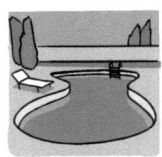

حوض

piscina

د چمن وهلو ماشین

cortacésped

ٹبیت

funda nórdica

روجایی

edredón

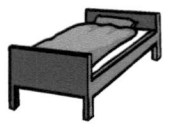

تخت

cama

جارو

escoba

بوکه

cubo

سویچ

interruptor

د اوسیدو خونه

cuarto de estar

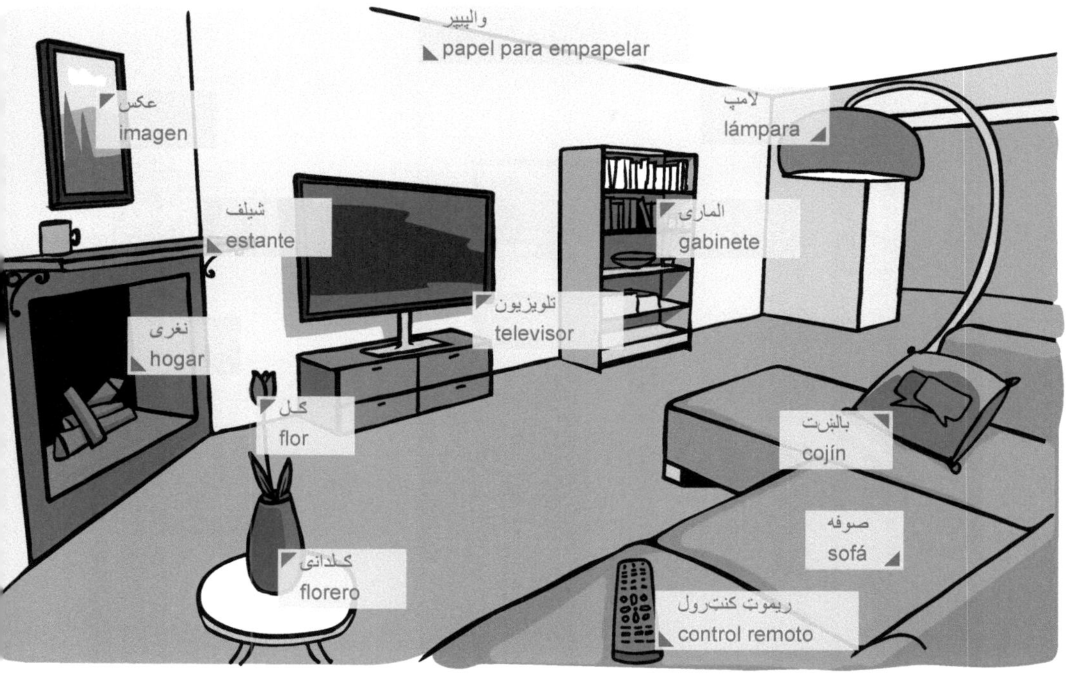

والپیپر
papel para empapelar
عکس
imagen
لامپ
lámpara
شیلف
estante
الماری
gabinete
تلویزیون
televisor
نغری
hogar
ګل
flor
بالښت
cojín
صوفه
sofá
ګلدانی
florero
ریموټ کنټرول
control remoto

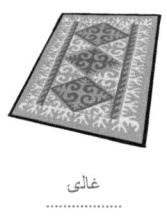

غالی

alfombra

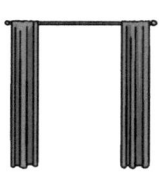

پرده

cortina

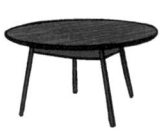

میز

mesa

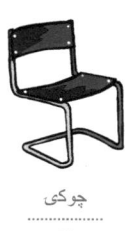

چوکی

silla

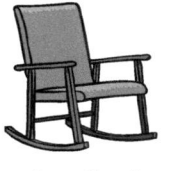

تاویدونکي چوکی

mecedora

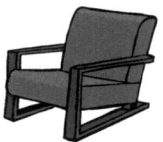

بازو لرونکی چوکی

sillón

کتاب

libro

کمپل

frazada

دیکوریشن

decoración

د اور لرکي

leña

فلم

film

هایـفاى

equipo estereofónico

کلي

llave

ورخپانه

periódico

نقاشي

cuadro

پوستر

póster

رادیو

radio

کتابچه

bloc de notas

واکیوم جارو

aspiradora

کاکتوس

cactus

شمع

vela

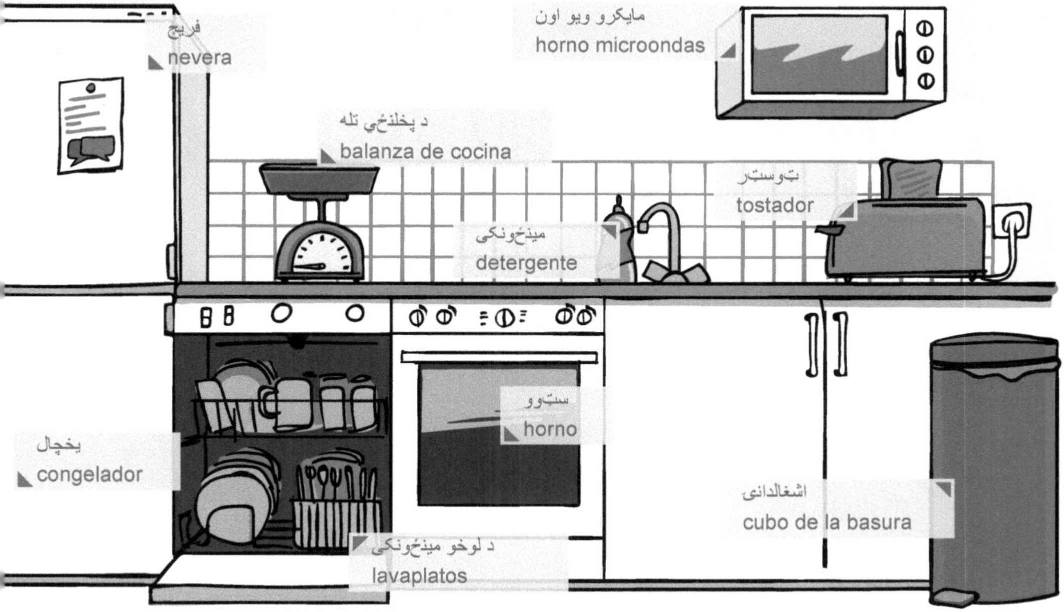

فریج
nevera

مایکرو ویو اون
horno microondas

د پخلنځي تله
balanza de cocina

تـوسـتـر
tostador

مینځخونکی
detergente

سـتـوو
horno

یخچال
congelador

اشغالدانی
cubo de la basura

د لوخو مینځخونکی
lavaplatos

دیگ بخار
cocina

لوخی
olla

چدني لوخی
olla de fundición de hierro

ووک
wok / kadai

د تلي په
sartén

چای جوش
hervidor de agua

د بخار ديگ

olla de vapor

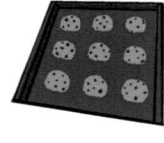

پتنوس

bandeja de horno

لوخي

vajilla

مگ

vaso

كاسه

bol

د رانيولو اوزار

palillos para comer

څمڅی

cucharón de sopa

كفګير

espátula

پاكونكی

batidor

صافي

colador

غلبيل

cedazo

ګرينټر

rallador

اونګ

mortero

بار بي كيو

parrillada

خلاص اور

fogata

تَخْتَه

tabla de picar

هوارونکی

rodillo

کارک سکريو

sacacorchos

تَیم

lata

د تَیم خلاصونکی

abrelatas

د لوخي تَوتَه

agarrador

ظرف شوی

fregadero

برس

cepillo

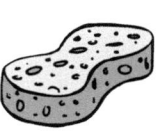

سپنج

esponja

بلیندر

batidora

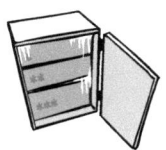

ژور یخچال

arcón congelador

د ماشوم بوتل

biberón

نل

grifo

حمام

cuarto de baño

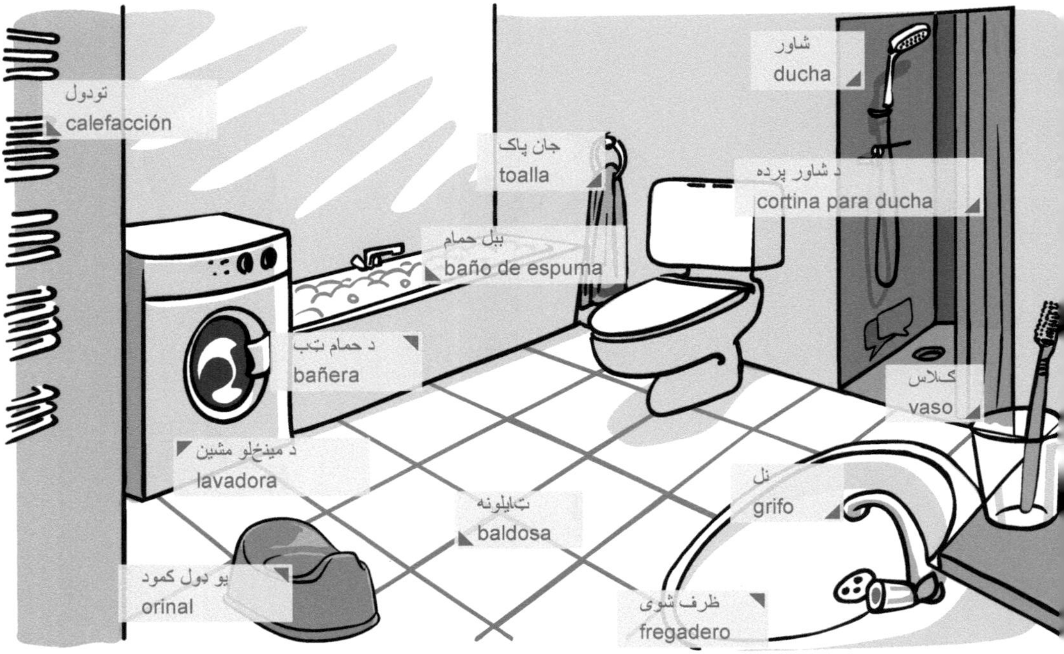

شاور
ducha
تودول
calefacción
جان پاک
toalla
د شاور پرده
cortina para ducha
ببل حمام
baño de espuma
د حمام ټب
bañera
ګلاس
vaso
د مینځلو مشین
lavadora
نل
grifo
ټایلونه
baldosa
یو دول کمود
orinal
ظرف شوی
fregadero

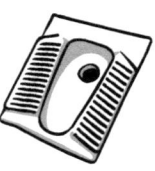

تشناب

cuarto de baño

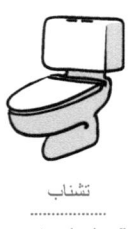

فرشي کمود

placa turca

کمود

bidé

د متیازو ځای

urinario

تشناب کاغذ

papel higiénico

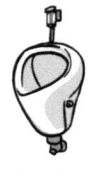

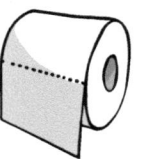

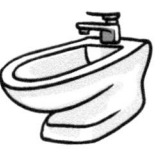

د تشناب برس

escobilla para el cuarto de baño

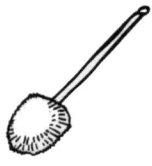

د غابئونو برس

cepillo de dientes

د غابئونو كريم

pasta dentífrica

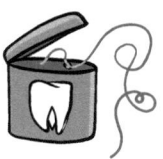

د غابئونو نخ

seda dental

مينځل

lavar

لاسي شاور

ducha teléfono

شود

ducha higiénica

خانک

cuenco

د شا برس

cepillo para la espalda

صابون

jabón

د شاور ژل

gel de ducha

شامپو

champú

فلانل جامه

manopla para baño

وچول

desagüe

كريم

crema

سپرى

desodorante

آئینه
espejo

آئینه آسی لا
espejo de maquillaje

ریزر
máquina de afeitar

د خريلو فوم
espuma de afeitar

د خريلو وروسته
loción para después del
afeitado

ګمنځ
peine

برس
cepillo

د ویښتانو وچونکی
secador para cabello

د ویښتانو سپری
laca de peinado

میک اپ
maquillaje

لیپ ستیک
lápiz labial

د نوکانو پالش
laca para uñas

کاټن وری
algodón

ناخن ګیر
tijera para uñas

عطر
perfume

د میڼخلو کڅوړه

neceser

ستول

taburete

د وزن کولو تله

balanza

د حمام پوښاک

bata de baño

د ربر دستکش

guantes de goma

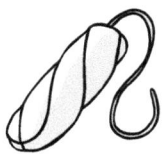

تامپون

tampón

صحیی جان پاک

compresa

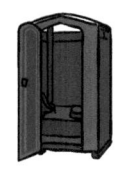

کیمیکل تشناب

wáter químico

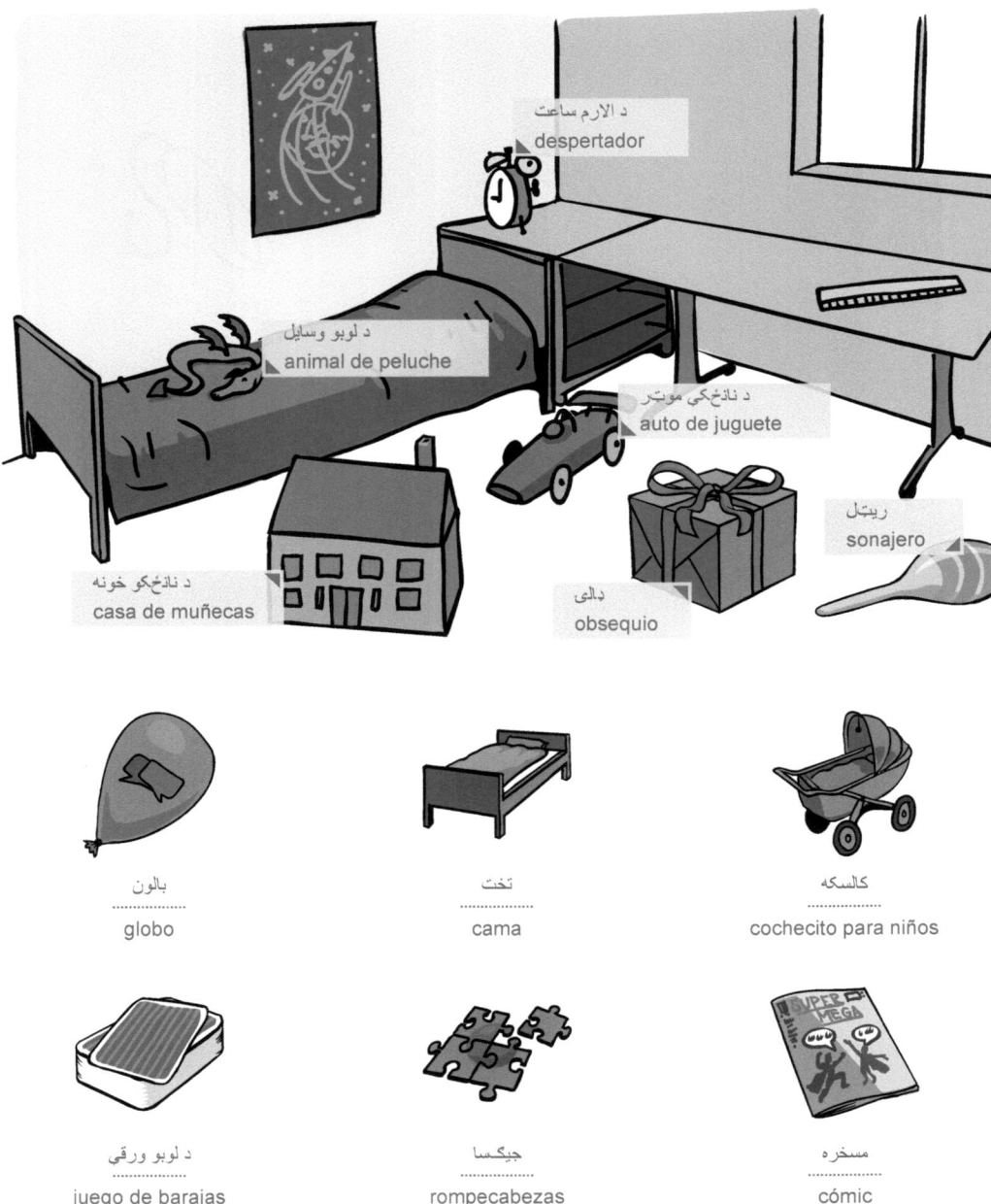

د الارم ساعت
despertador

د لوبو وسایل
animal de peluche

د نازخکي موټر
auto de juguete

ریټل
sonajero

د نازخکو خونه
casa de muñecas

ډالۍ
obsequio

بالون
globo

تخت
cama

کالسکه
cochecito para niños

د لوبو ورقي
juego de barajas

جیګسا
rompecabezas

مسخره
cómic

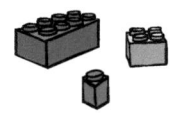

لیګو بریک

piezas de Lego

د ناذخکو بلاک

bloques para jugar

د اكشن فيګور

figura de acción

د ماشوم پوبشاک

pijama de una pieza

فریزبي

frisbee

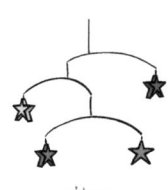

موبايل

móvil

بورډ لوبه

juego de mesa

تاس

dado

مادل ریل سیټ

tren eléctrico a escala

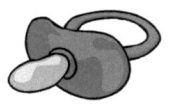

ګونګشی

chupete

پارتي

fiesta

د عكسونو البوم

libro de dibujos

بال

pelota

ناذخکه

títere

لوبيدل

jugar

د شگو کنده
....
arenero

سوينگ
....
columpio

نانځکي
....
juguetes

د ویډیو لوبو کنسول
....
consola de videojuego

تّرای سایکل
....
triciclo

ګوډبکه
....
osito de peluche

د کالو الماری
....
guardarropa

پوښاک

vestimenta

جرابي
....
calcetines

لوړي جرابي
....
medias

تّایتّس
....
panti

زروکی
chal

چتری
paraguas

کمربند
cinturón

تي شرت
camiseta

سنیکر
deportivas

بوتان
botas

سلپر
zapatilla

سینډل
sandalias

بوتان
zapatos

د ربر بوتان
botas de goma

زیرنیکري
ropa interior

سینه بند
corpiño

واسکت
camiseta

بادي
....
body

پتلون
....
pantalón

جينز
....
jeans

لمن
....
falda

بلاوز
....
blusa

ټرت
....
camisa

بنيان
....
pullover

سويتر
....
sweater

بليزر
....
blazer

جاكت
....
chaqueta

كوت
....
abrigo

د باران كوټ
....
impermeable

پوښاك
....
traje chaqueta

كالي
....
vestido

د واده پوښاك
....
vestido de bodas

دريشي

traje

د ښپي پوښاک

camisón

پاجامه

pijama

ساري

sari

لوپيټه

pañuelo de cabeza

پټکی

turbante

برقه

burka

کفتن

caftán

عبا

abaya

د لامبو پوښاک

traje de baño

نيکر

bañador

شارت

shorts

د خغاستي پوښاک

chándal

پيښ بند

delantal

دستکش

guante

بتن

botón

عینک

gafa

لاس بند

brazalete

غاړه کی

cadena

ګوتمه

anillo

غوږوالۍ

aro

خولۍ

gorra

کوټ بند

percha

خولۍ

sombrero

نتایی

corbata

زنځیر

cierre a cremallera

هیلمیټ

casco

ترونکی

tiradores

د ښوونځي یونیفارم

uniforme escolar

یونیفارم

uniforme

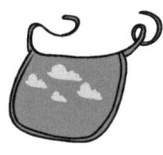

بيب
babero

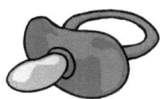

کونکشی
chupete

نيپي
pañal

دفتر
oficina

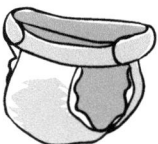

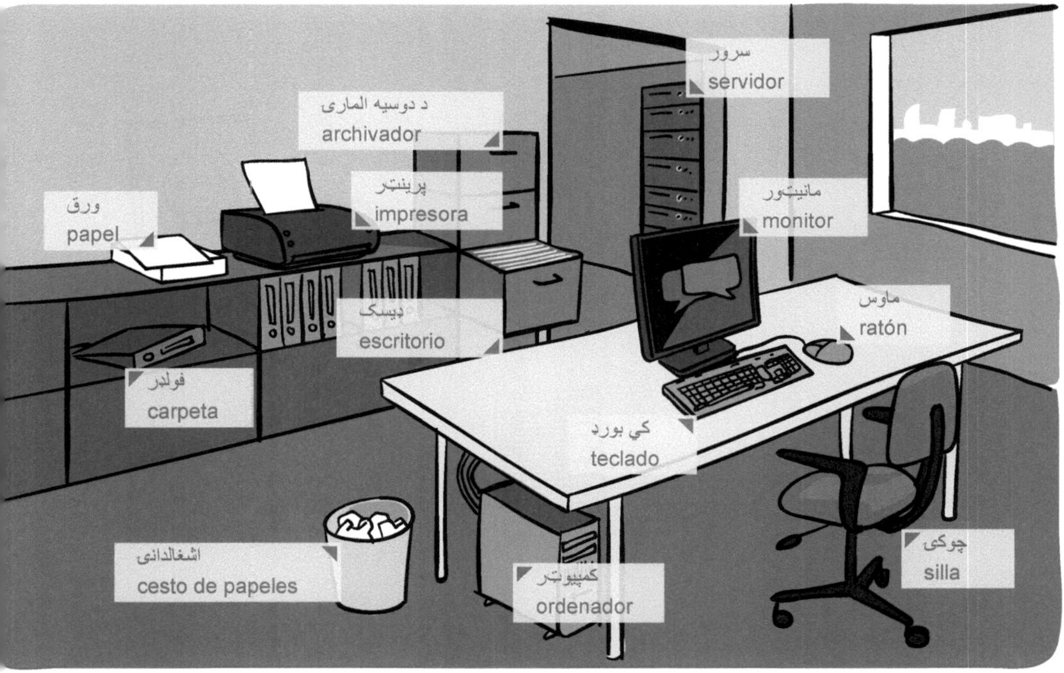
سرور
servidor
د دوسیه الماری
archivador
پرینټر
impresora
ورق
papel
مانیټور
monitor
ماوس
ratón
ډیسک
escritorio
فولډر
carpeta
کي بورډ
teclado
اشغالدانی
cesto de papeles
کمپیوټر
ordenador
چوکی
silla

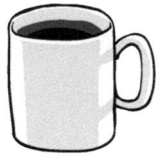

د کافي پیاله
taza de café

کالکولیټر
calculadora

انټرنیټ
internet

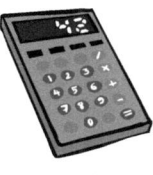

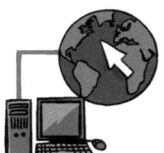

لپ تاپ

laptop

کیل

carta

پیغام

mensaje

موبایل

teléfono móvil

نیتورک

red

فوتوکاپیر

fotocopiadora

سافتویر

software

تلیفون

teléfono

پلک ساکت

tomacorriente

فکس مشین

máquina de fax

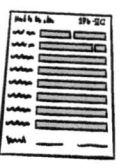

فارم

formulario

سند

documento

لرپ

comprar

كول هيداتت

pagar

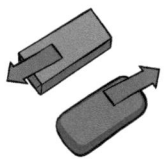

كول يركادوس

comerciar

سيپي

dinero

رلاد

dólar

وروي

euro

ين

yen

لبر

rublo

كنارف يسيوس

franco

ناوي يبنيمنير

renminbi

يپور

rupia

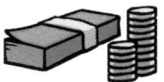

ىاخ وسيپ يدغن د

cajero automático

د اسعارو د تبادلي دفتر

casa de cambio

سره زر

oro

سپین زر

plata

تیل

petróleo

انرژي

energía

نرخ

precio

قرارداد

contrato

مالیه

impuesto

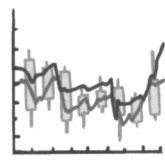

اسهام

acción

کار کول

trabajar

کارمند

empleado

کار گوماورونکی

empleador

فابریکه

fábrica

پلورنځی

negocio

د پوليسو افسر
policía

د اطفايه غرى
bombero

آشپز
cocinero

باکتر
médico

پيلوت
piloto

باغوان
jardinero

نجار
carpintero

خياط
costurera

قاضي
juez

کيميا پوه
químico

د فلم لوبغارى
actor

د بس ډرايور
....
conductor de autobús

د ټيکسي ډرايور
....
taxista

کب نيونکی
....
pescador

خدمه
....
mujer de la limpieza

بام جوړونکی
....
techista

پيشخدمت
....
camarero

ښکاري
....
cazador

نقاش
....
pintor

نانوا
....
panadero

د برښنا کارکونکی
....
electricista

تعمير جوړونکی
....
albañil

انجنير
....
ingeniero

قصاب
....
carnicero

نلدوان
....
fontanero

پوست رسونکی
....
cartero

سرتیری

soldado

مهندس

arquitecto

صراف

cajero

مالیار

florista

نایی

peluquero

کلیندر

cobrador

میکانیک

mecánico

کپتان

capitán

د غاښونو ډاکتر

odontólogo

ساینس پوه

científico

شاغلی

rabino

امام

imam

مذهبي نفر

monje

پادري

párroco

لوازم
herramientas

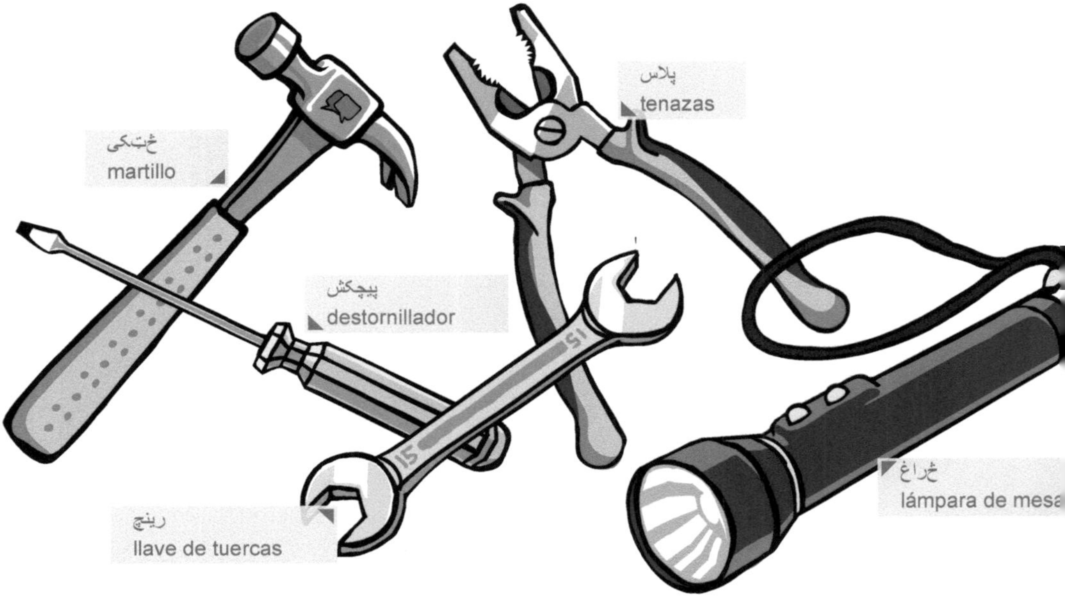

څټکی
martillo
پلاس
tenazas
پیچکش
destornillador
رینچ
llave de tuercas
څراغ
lámpara de mesa

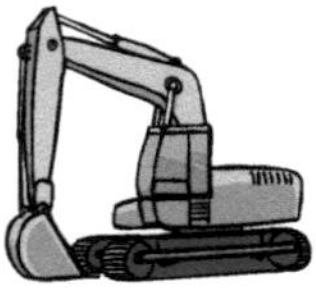

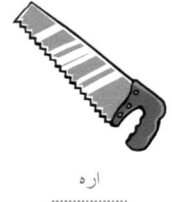

کنستونکی

excavadora

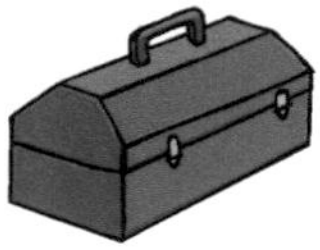

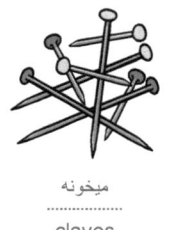

د لوازمو بکس

caja de herramientas

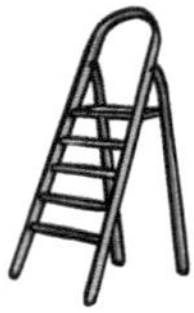

زینه

escalerilla

اره

serrucho

میخونه

clavos

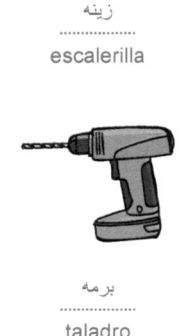

برمه

taladro

ترمیم کول

reparar

بیل

pala

لعنت!

¡Maldición!

خاک انداز

recogedor

مشوانی

lata de pintura

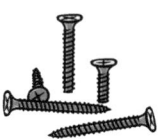

پیچونه

tornillos

د میوزیک آلات

instrumentos musicales

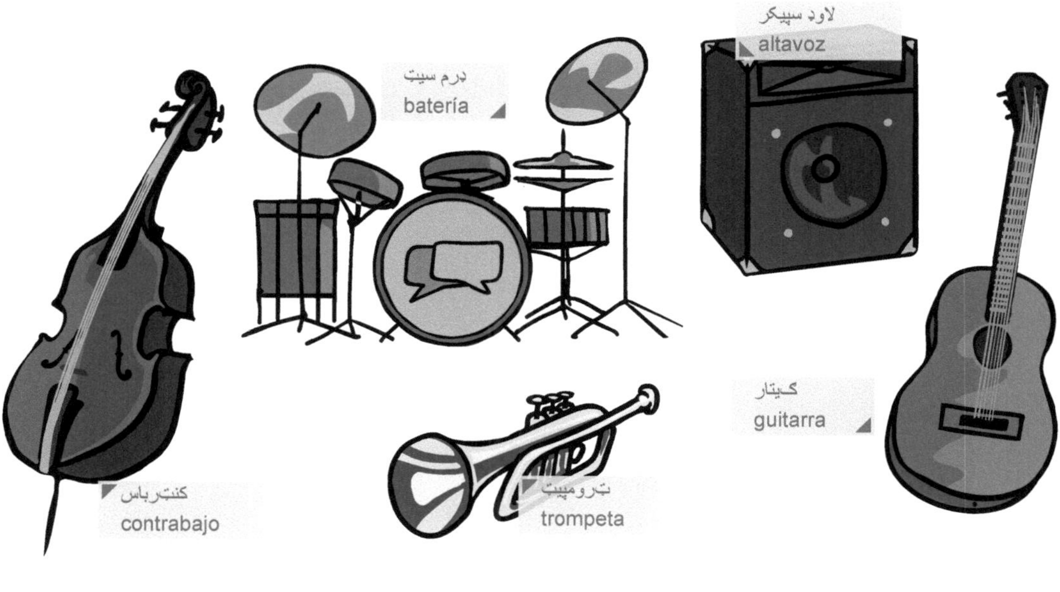

درم سیت
batería

لاوډ سپیکر
altavoz

کنترباس
contrabajo

نرومپیت
trompeta

کیتار
guitarra

پيانو

piano

وايلن

violín

باس

bajo

نغاره

timbales

ډرمونه

tambor

ي بورډ

teclado

سيکسافون

saxofón

ښپيلۍ

flauta

مايکروفون

micrófono

د ميوزيک آلات - instrumentos musicales

ژوبڼ

zoológico

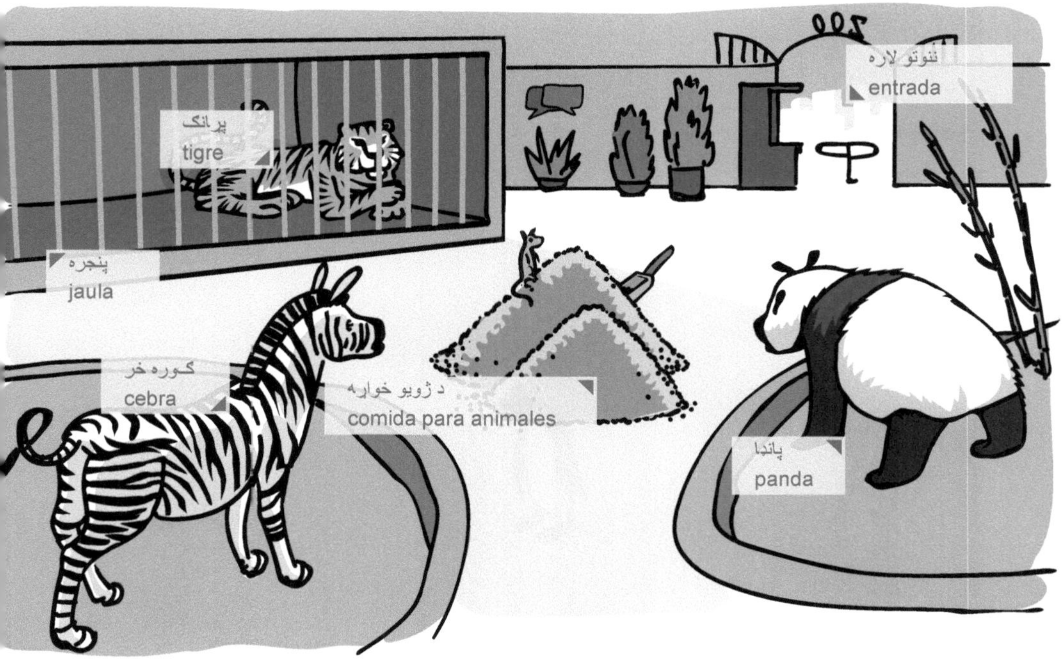

پړانګ
tigre
پنجره
jaula
ګوره خر
cebra
د ژويو خواړه
comida para animales
ننوتو لاره
entrada
پانډا
panda

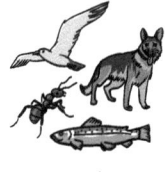

ژوی

animales

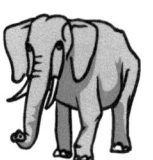

هاتي

elefante

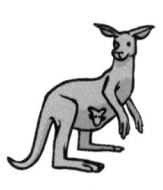

کنګرو

canguro

د اوبو اسپ

rinoceronte

ګوريلا

gorila

ايږه

oso

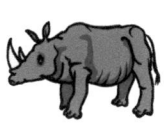

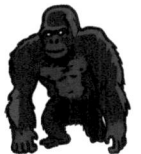

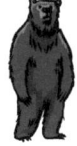

اوښ
camello

شترمرغ
avestruz

زمرى
león

بيزو
mono

غزى
flamengo

طوطي
papagayo

قطبي ايږه
oso polar

پينگوين
pingüino

شارک
tiburón

طاوس
pavo real

مار
serpiente

تمساح
cocodrilo

ژوبن ساتونکی
cuidador del zoológico

سيل
foca

جگوار
jaguar

یابو

pony

پرانگ

leopardo

هیپو

hipopótamo

زرافه

jirafa

باز

águila

نرخوک

jabalí

کب

pescado

شمشتی

tortuga

سمندري نولی

morsa

گیدرہ

zorro

هوسی

gacela

امریکایی فتبال
fútbol americano

سایکل ځغلول
ciclismo

ټینیس
tenis

باسکیټبال
baloncesto

لامبو
natación

باکسینگ
boxeo

د کنګل هاکي
hockey sobre hielo

فتبال
....
fútbol

کسیزه
....
badminton

د ځغاستي لوبی
....
atletismo

د هندبال
....
balonmano

سکي
....
esquí

پولو
....
polo

خندل
reír

تو پ وهل
saltar

غاړه ورکول
abrazar

کرخپدل
caminar

سندرى ويل
cantar

خوب لیدل
soñar

عبادت کول
rezar

مچو کول
besar

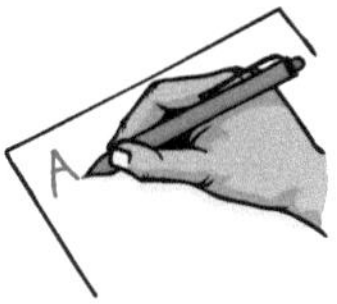

لیکل
escribir

کښل
dibujar

ښودل
mostrar

تپله کول
presionar

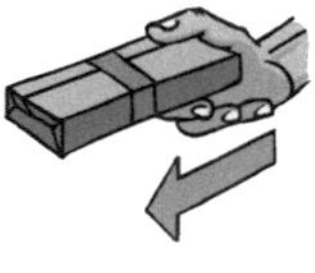

ورکول
dar

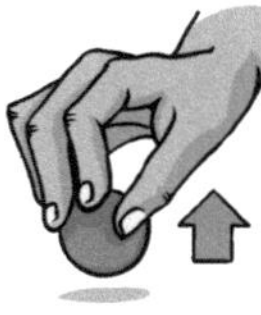

اخیستل
tomar

درلودل

tener

کول

hacer

پاییدل

ser

ودریدل

estar de pie

منډی وهل

correr

راکښل

tirar

کوزارل

arrojar

لویدل

caer

څملاستل

estar acostado

انتظار کول

esperar

ورل

llevar

کښېناستل

estar sentado

پوښاک اغوستل

vestirse

ویده کیدل

dormir

پاڅېدل

despertar

كتل

mirar

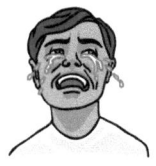

ژرل

llorar

بريد كول

acariciar

كـمذخ كول

peinarse

خبرى كول

conversar

پوهيدل

entender

غوښتل

preguntar

اوريدل

oír

څښل

beber

خورل

comer

پاكول

asear

مينه كول

amar

پخلى كول

cocinar

موتر چلول

conducir

الوتل

volar

بېری چلول

navegar

حساب

calcular

لوستل

leer

زده کول

aprender

کار کول

trabajar

واده کول

casarse

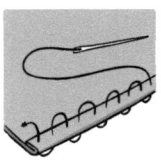

ګنډل

coser

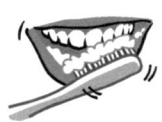

د غاښونو برس کول

limpiarse los dientes

وژل

matar

سگرټ څکښل

fumar

لیرل

enviar

familia

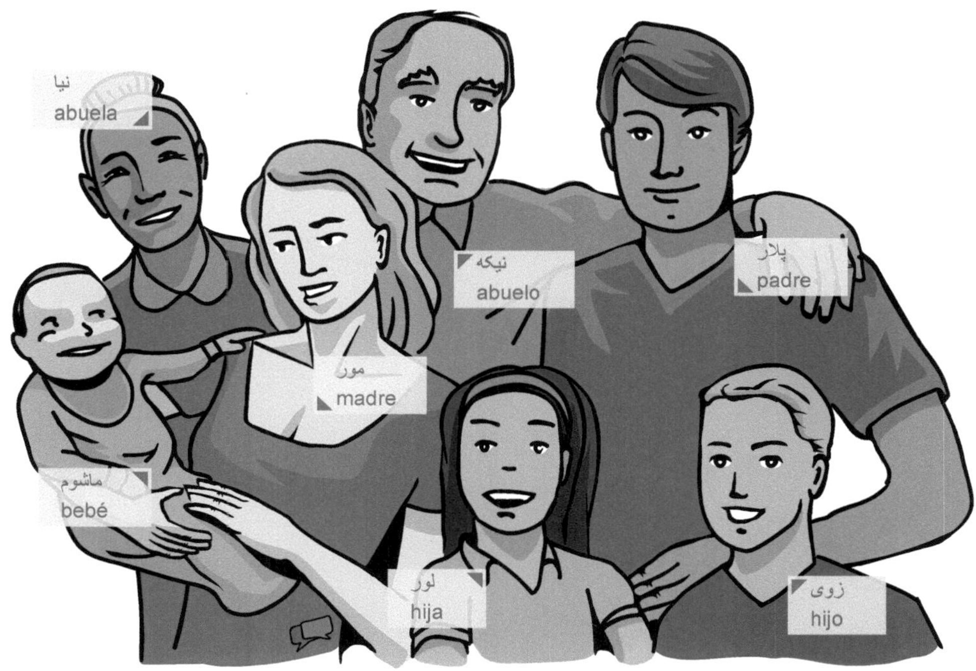
نیا
abuela
نیکه
abuelo
پلار
padre
مور
madre
ماشوم
bebé
لور
hija
زوی
hijo

میلمه

invitado

ترور

tía

کاکا/ماما

tío

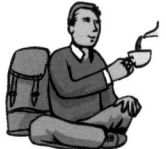

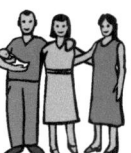

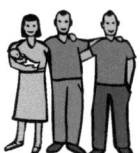

ورور

hermano

خور

hermana

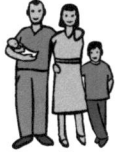

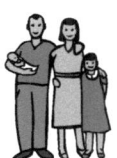

cuerpo

تندی
frente

سترګی
ojo

مخ
cara

زنه
barbilla

سينه
pecho

کوته
dedo

لاس
mano

مټ
brazo

اوږه
hombro

پښه
pierna

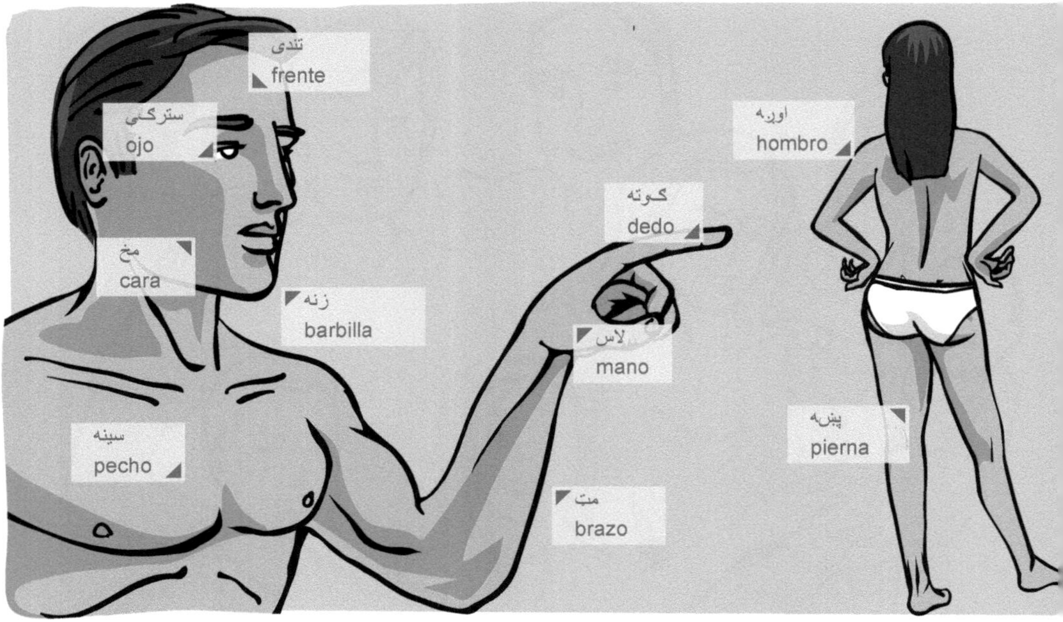

ماشوم
bebé

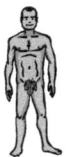

سړی
hombre

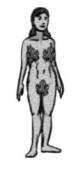

ښځه
mujer

انجلی
muchacha

هلک
joven

سر
cabeza

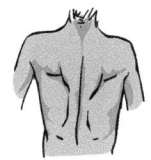

شا
espalda

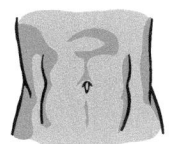

خیته
vientre

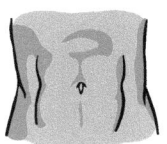

نوم
ombligo

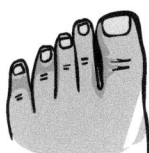

د پښې ګوته
dedo del pie

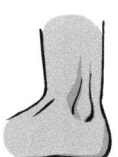

پونده
talón

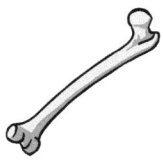

هډوکی
hueso

کوناتی
cadera

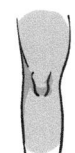

زنګون
rodilla

څنګل
codo

پوزه
nariz

لاندی برخه
trasero

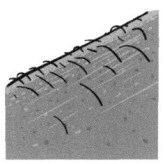

پوټکی
piel

غومبوری
mejilla

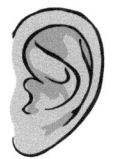

غوږ
oreja

شونډه
labio

خوله

boca

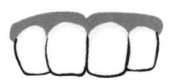

غاښ

diente

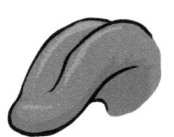

ژبه

lengua

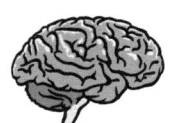

مغز

cerebro

زړه

corazón

عضله

músculo

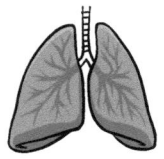

سږى

pulmón

خۍگر

hígado

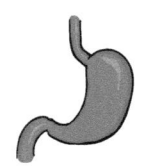

معده

estómago

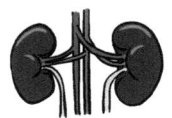

پښتورګي

riñones

جنسي نزدى والى

relación sexual

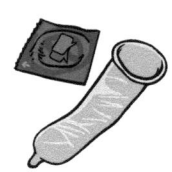

كاندوم

condón

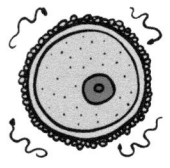

تخمه

Óvulo

مني

esperma

حمل

embarazo

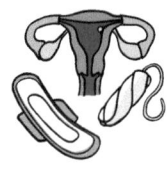

حيض
....
menstruación

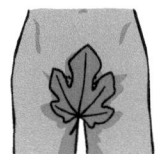

مهبل
....
vagina

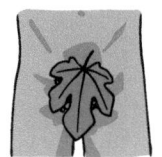

د نارينه تناسلي آله
....
pene

وروځى
....
ceja

ويښته
....
cabello

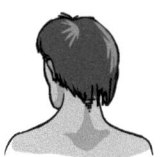

غاړه
....
cuello

روغتون

hospital

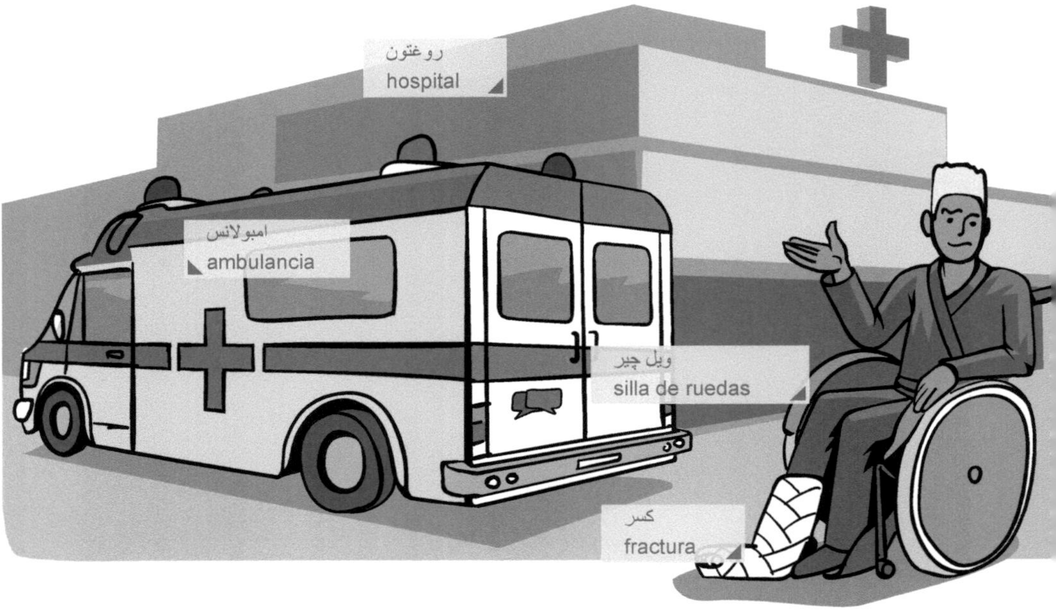

روغتون
hospital
امبولانس
ambulancia
ویل چیر
silla de ruedas
کسر
fractura

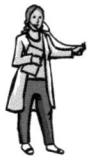

داکتر

médico

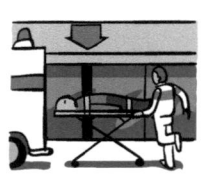

عاجل خونه

admisión de urgencia

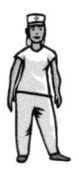

رنځورپال

enfermera

عاجل

emergencia

بې هوش

inconsciente

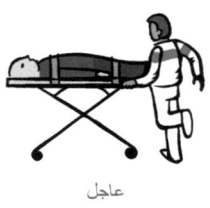

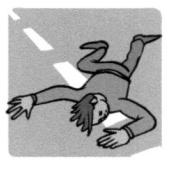

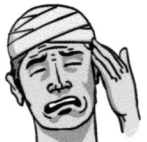

درد

dolor

پَټ

lesión

دلويدو تينهو

hemorragia

د زړه حمله

infarto de miocardio

ضرب

apoplejía cerebral

حساسيت

alergia

ټوخى

tos

تبه

fiebre

انفلوينزا

gripe

نس ناستى

diarrea

سر درد

dolor de cabeza

سرطان

cáncer

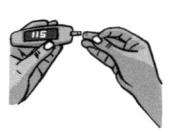

شكر

diabetes

جراح

cirujano

سكالپل

escalpelo

عمليات

operación

سیـتـي

TC

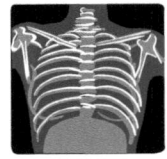

رى ایکس

rayos X

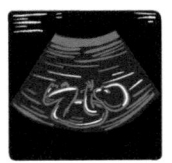

الـتراساونـد

ultrasonido

د مخ ماسک

máscara

ناروغي

enfermedad

انتظار خونه

sala de espera

امسآ

muleta

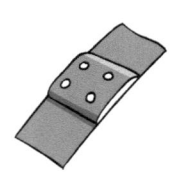

پلستر

emplasto

بنداژ

vendaje

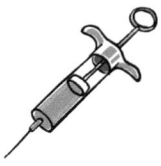

تزریق

inyección

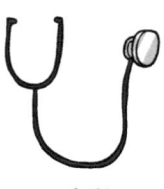

ستاتسکوپ

estetoscopio

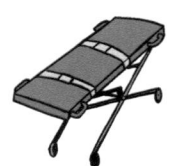

تسکیره

camilla

کلینکي تر مامیتر

termómetro

زیږون

nacimiento

زیات وزن

sobrepeso

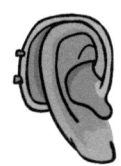

د اوريدو مرسته

audífono

د عفونيت څخه پاكونكي مواد

desinfectante

عفونيت

infección

ويروس

virus

ايچ.آي.وي/ايدز

VIH / SIDA

درمل

medicina

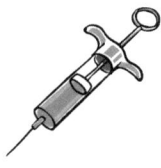

واكسين

vacunación

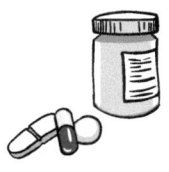

ټابليټس

comprimido

ګولۍ

píldora anticonceptiva

عاجل تليفون

llamada de emergencia

د وينې د فشار څارونكى

medidor de presión arterial

ناروغ/روغ

enfermo / saludable

مرسته!

¡Ayuda!

الارم

alarma

يرغل

asalto

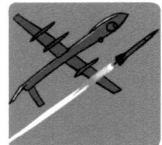

بريد

ataque

خطر

peligro

هراه لاجل عاجل

salida de emergencia

اور!

¡Fuego!

د اور وژونکی

extintor

پيښه

accidente

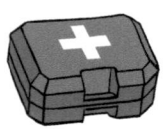

د لومړى مرستي لوازم

kit de primeros auxilios

ايس.او.ايس

SOS

پوليس

Policía

اروپا

Europa

شمالي امریکا

América del Norte

سهیلي امریکا

América del Sur

افریقا

África

آسیا

Asia

آستریلیا

Australia

اتلانتیک

Atlántico

پاسیفیک

Pacífico

د هند بحر

Océano Índico

جنوبي منجمد بحر

Océano Antártico

د شمال قطب بحر

Océano Ártico

شمالي قطب

Polo Norte

سهيلي قطب

Polo Sur

انتّاركتيكا

Antártida

خُمكه

Tierra

خُمكه

país

بحر

mar

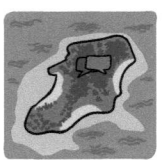

تِباپو

isla

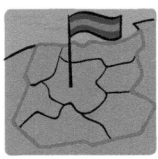

ملت

nación

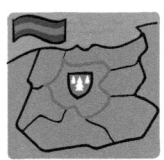

دولت

Estado

تاعس يخم د

cuadrante

هتنتس تاعاس د

horario

هتنتس يقيقد د

minutero

هتنتس يناث د

segundero

څه وخت ید؟

¿Qué hora es?

ورخ

día

وخت

tiempo

سواو

ahora

تاعاس لټيجيد

reloj digital

هقيقد

minuto

تاعاس

hora

semana

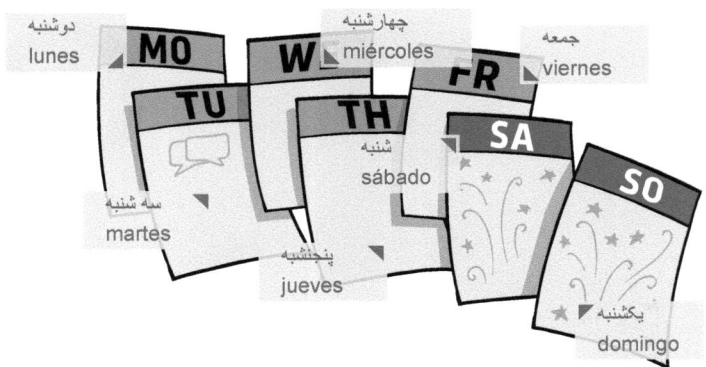

دوشنبه lunes
چهارشنبه miércoles
جمعه viernes
سه شنبه martes
شنبه sábado
پنجشنبه jueves
يكشنبه domingo

پرون
ayer

نن
hoy

سبا
mañana

سهار
mañana

غرمه
mediodía

ماښام
tarde

كاري ورځي
jornada de trabajo

د اونۍ پای
fin de semana

کال
año

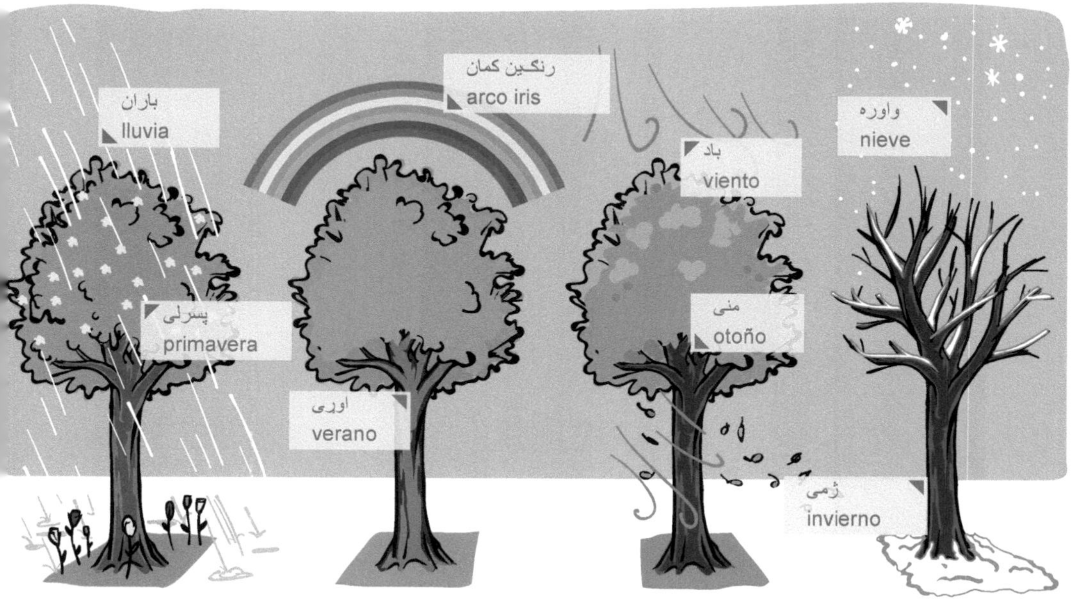

باران
lluvia
رنګین کمان
arco iris
واوره
nieve
باد
viento
پسرلی
primavera
منی
otoño
اوړی
verano
ژمی
invierno

4.APRIL 11°
5.APRIL 4°
6.APRIL 13°
7.APRIL 8°
8.APRIL 10°

د موسم وړاندوینه
....
pronóstico meteorológico

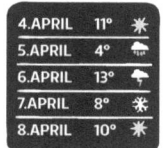

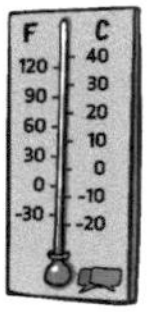

F
C
120
90
60
30
0
-30
40
30
20
10
0
-10
-20

ترمومیټر
....
termómetro

د لمر وړانګې
....
luz solar

وریځ
....
nube

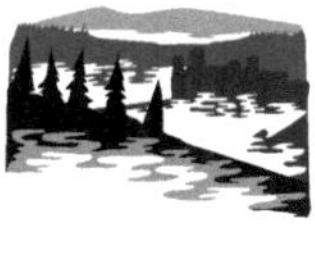

لړه
....
niebla

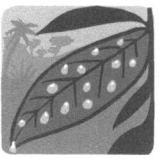

رطوبت
....
humedad ambiente

اپڼر
....
relámpago

تندر
....
trueno

توفان
....
tormenta

دلبرۍ ولي
....
granizo

مون سون باران
....
monzón

سيلاب
....
inundación

يخ
....
hielo

جنوري
....
enero

فبروري
....
febrero

مارچ
....
marzo

اپرہل
....
abril

مۍ
....
mayo

جون
....
junio

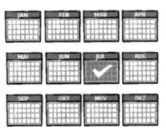

جولای
....
julio

اگست
....
agosto

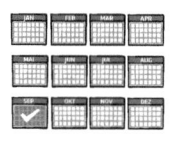

سپټمبر
....
septiembre

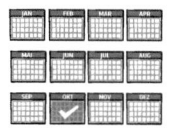

اكتوبر
....
octubre

نومبر
....
noviembre

دسمبر
....
diciembre

دایره
....
círculo

مربع
....
cuadrado

مستطیل
....
rectángulo

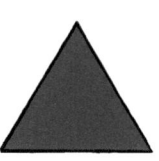

مثلث
....
triángulo

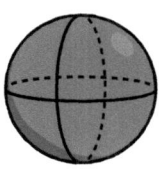

توپ
....
esfera

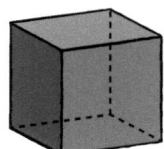

فال
....
cubo

colores

سپين

blanco

ژيړ

amarillo

نارنجي

anaranjado

کلابي

rosa

سور

rojo

ارغواني

lila

نيلي

azul

شين

verde

نسواري

marrón

خړ

gris

تور

negro

خورا ډیر/خورا لږ

mucho / poco

قار/ارام

enojado / calmado

ښکلی/بدشکله

bonito / feo

پیل/پای

comienzo / fin

لوی/کوچنی

grande / pequeño

روښانه/تیاره

claro / oscuro

ورور/خور

hermano / hermana

پاک/ککر

limpio / sucio

مکمل/نامکمل

completo / incompleto

ورخ/شپه

día / noche

مړ/ژوندی

muerto / vivo

پراخه/نری

ancho / angosto

د خوراک ور/نه خورل کیدونکی
....
disfrutable / no disfrutable

بد/مهربان
....
malo / amigable

پاریدلی/بی خونده
....
excitado / aburrido

چاق/وچ
....
gordo / delgado

لومړی/اوروستی
....
primero / último

ملګری/دښمن
....
amigo / enemigo

ډک/تش
....
lleno / vacío

سخت/نرم
....
duro / suave

درون/سپک
....
pesado / liviano

لوږه/تنده
....
hambre / sed

ناروغ/روغ
....
enfermo / saludable

غیرقانونی/قانونی
....
ilegal / legal

هوښیار/ساده
....
inteligente / tonto

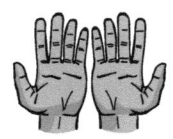

کین/ښی
....
izquierda / derecha

نږدې/لری
....
cercano / lejano

روور/نوي

nuevo / usado

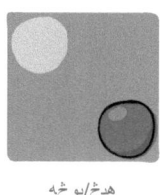

هيڅ/يو څه

nada / algo

بوډا/ځوان

viejo / joven

چالان/بند

encendido / apagado

خلاص/تړلی

abierto / cerrado

غلي/لوړ غږ

bajo / fuerte

بډایه/غریب

rico / pobre

صحيح/غلط

correcto / incorrecto

زبر/ملايم

áspero / liso

خفه/خوښ

triste / alegre

لنډ/اوږد

breve / extenso

سست/ګړندی

lento / veloz

لوند/وچ

mojado / seco

ګرم/يخ

caliente / frío

جګړه/سوله

guerra / paz

números

0

صفر
....
cero

1

يو
....
uno

2

دوه
....
dos

3

دري
....
tres

4

څلور
....
cuatro

5

پنځه
....
cinco

6

شپږ
....
seis

7

اوه
....
siete

8

اته
....
ocho

9

نهه
....
nueve

10

لس
....
diez

11

يولس
....
once

12

دولس

doce

13

سلراديد

trece

14

سلراوُخ

catorce

15

پنخلس

quince

16

سراپشٌ

dieciséis

17

سلوو

diecisiete

18

سلتاٍ

dieciocho

19

سلون

diecinueve

20

لثٌ

veinte

100

لمس

cien

1.000

رز

mil

1.000.000

ميليون

millón

انكـلسي

inglés

امريكايى انكـلسي

inglés estadounidense

چينايى مندرين

chino mandarín

هندي

hindi

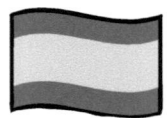

هسپانوي

español

فرانسوي

francés

عربي

árabe

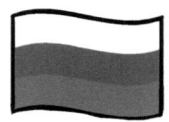

روسي

ruso

پرتكـالي

portugués

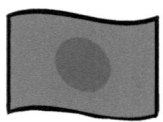

بنكـالي

bengalí

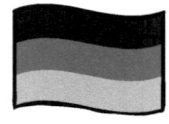

ألماني

alemán

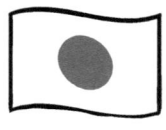

جاپاني

japonés

زه

yo

ته

tú

♂ ♀ ○

هغه‌/دغه‌/دا

él / ella

موږ

nosotros

تاسې

vosotros

دوی/هغوی

ellos

څوک؟

¿quién?

څه‌؟

¿qué?

څنګه؟

¿cómo?

چیری؟

¿dónde?

كله‌؟

¿cuándo?

HELLO, I AM

نوم

nombre

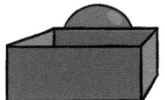

شاته
....
detrás

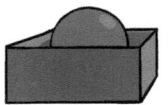

پہ
....
en

پہ مخه کی
....
delante de

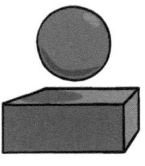

باندي
....
encima de

پہ
....
sobre

لاندي
....
debajo de

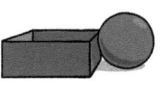

برسیره پر
....
junto a

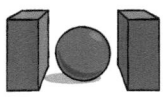

ترمینځ
....
entre

ځای
....
lugar